30

Lalau e
Laurabeatriz

30 ANOS

BRASILEIRINHOS DA AMAZÔNIA

POESIA PARA OS BICHOS DA NOSSA MAIOR FLORESTA

LALAU E LAURABEATRIZ

Companhia das Letrinhas

Agradecimentos para Angela Leite,
Hélio de Almeida, Luis Fábio Silveira
e Pilar Guido Castro.

Grafia atualizada segundo o Acordo Ortográfico da Língua Portuguesa de 1990,
que entrou em vigor no Brasil em 2009.

Animal da capa: HARPIA / *HARPIA HARPYJA*

Animais das vinhetas:
p. 5: BEIJA-FLOR-FADA / *HELIOTHRYX AURITUS*
p. 45: ANDORINHA-DE-FAIXA-BRANCA / *ATTICORA FASCIATA*
p. 48: PERIQUITAMBOIA / *CORALLUS CANINUS*

Revisão: NINA RIZZO, VIVIANE T. MENDES e LUCIANE H. GOMIDE
Tratamento de imagem: M GALLEGO • STUDIO DE ARTES GRÁFICAS
Composição: YUMI SANESHIGUE

Dados Internacionais de Catalogação na Publicação (CIP)
(Câmara Brasileira do Livro, SP, Brasil)

Lalau
Brasileirinhos da Amazônia: Poesia para os bichos da
nossa maior floresta / Lalau ; [ilustrações] Laurabeatriz.
— 3ª ed. — São Paulo: Companhia das Letrinhas, 2024.

ISBN: 978-65-5485-101-5

1. Amazônia — Literatura infantojuvenil 2. Poesia —
Literatura infantojuvenil I. Laurabeatriz. II. Título.

24-239140   CDD-028.5

Índices para catálogo sistemático:
1. Poesia : Literatura infantil 028.5
2. Poesia : Literatura infantojuvenil 028.5

Cibele Maria Dias — Bibliotecária — CRB-8/9427

3ª edição

Todos os direitos desta edição reservados à
EDITORA SCHWARCZ S.A.
Rua Bandeira Paulista, 702, cj. 32
04532-002 — São Paulo — SP — Brasil
☎ (11) 3707-3500
🗗 www.companhiadasletrinhas.com.br
🗗 www.blogdaletrinhas.com.br
🗗 /companhiadasletrinhas
🗗 @companhiadasletrinhas
▶ /CanalLetrinhaZ

Para Laura e Maya.
Para Therezinha de Jesus Donati (Táta)
e Thereza Rosa (Teréco).

Amazônia Brasileira

BRASIL

OCEANO PACÍFICO

OCEANO ATLÂNTICO

Os belos poemas e desenhos deste livro lembram alguns animais que vi na minha infância em Manaus, a capital do Amazonas. Naquela época, a gente podia ver pássaros, macacos, cobras, jacarés, antas e outros animais nos igarapés e na mata ao redor da cidade. A gente via alguns desses animais até no quintal da nossa casa.

Manaus cresceu muito. Hoje, a floresta que rodeava a cidade foi destruída. Outras áreas de floresta, em toda a Amazônia brasileira, também foram ou estão sendo destruídas. E quando as árvores são cortadas ou queimadas, milhares de animais morrem. Isso acontece também com os rios. Quando suas águas são contaminadas, os peixes, jacarés, tartarugas, enguias, cobras e outros animais também morrem.

É muito importante preservar a natureza, porque nós pertencemos a ela. A gente devia aprender com os indígenas, que respeitam a floresta e os rios, e não podem nem querem viver sem eles. Aliás, vários animais deste livro têm nome indígena, tupi-guarani.

A quantidade de espécimes da Amazônia é imensa, e há muitos animais que a gente nem sequer conhece (tipos de borboletas, peixes, aves...). Os que aparecem neste livro são alguns exemplos da rica diversidade da fauna da Amazônia. Gosto de todos. E agora, lendo os poemas e olhando os desenhos, me lembro das histórias que o meu avô me contava. A história do gato-maracajá, a do pirarucu, e assim por diante. Uma floresta de histórias. Mas faltava na minha infância um livro lindo como este.

Milton Hatoum

ANTA-PRETINHA

Uma chuva de nanquim
te deixou assim?

Ou o rio Negro
te tingiu?
Ou a sombra da
sumaúma
te vestiu?

Anta, antinha.
Preta, pretinha.

A mais bonitinha
do Brasil.

TAPIRUS KABOMANI

É a menor entre as cinco espécies de anta
encontradas no mundo. Pode pesar até
110 kg, tem pernas curtas e a pelagem
varia do cinza-escuro ao marrom-escuro.
Vive em regiões da Amazônia com menor
quantidade de árvores, em campos abertos,
mas perto da mata fechada. As antas
são chamadas de "jardineiras da floresta"
por espalharem as sementes.

CASCUDO-ZEBRA

Peixe das águas boas,
das águas claras.

Do rosto pintado,
do corpo listrado.

Selvagem bagre,
filho do rio Xingu!

Belo e sagrado
como o canto
do uirapuru.

HYPANCISTRUS ZEBRA

Nas águas da Amazônia existe a maior quantidade de peixes ornamentais do mundo. A pesca ainda é predatória, clandestina, sem controle. O cascudo-zebra é uma espécie de bagre endêmica do Brasil, encontrada apenas na área do rio Xingu, grande afluente do rio Amazonas. Cresce até 6,4 cm de comprimento.

PARAUAÇU

Grita, se árvore
desencanta de florir,
Se a chuva entristecer
e sumir.

Grita, se o mel
parar de lambuzar a vida,
Se a mata for xingada,
torturada e ferida.

O grito do parauaçu
faz tremer o chão.

É seu manifesto,
sua opinião.

PITHECIA CHRYSOCEPHALA
Uma das características do parauaçu é seu grito forte e alto, que ecoa na parte mais densa da Floresta Amazônica. É um macaco relativamente pequeno, não pesando mais que 3 kg. Movimenta-se pelas árvores aos pulos e com grande velocidade. Alimenta-se de frutas, flores, sementes, mel e até de pequenos animais.

ARANHA-GOLIAS

Cuidado, passarinho.
Foge, ratinho.
A aranha-golias vem aí!

Ela é gigante.
Ela é possante.
A aranha-golias vem aí!

Ela é grandona.
Ela é comilona.
A aranha-golias vem aí!

Para enfrentar a aranha-golias,
só se aparecer um bicho-davi.

THERAPHOSA BLONDI
A aranha-golias é considerada o maior aracnídeo do mundo. Pode chegar
a 28 cm ou mais de tamanho! Vive em áreas alagadiças das florestas tropicais
úmidas da Amazônia e possui hábitos noturnos. Para se alimentar, ataca até
animais maiores do que ela: mamíferos roedores, anfíbios, répteis e pássaros —
não à toa, também é conhecida como aranha-golias-comedora-de-pássaros.

CURICA-URUBU

Arco-íris
é muito brincalhão!

Se arruma todo no pavão,
se esconde no camaleão.

Tem hora que finge
ser saíra-sete-cores.
Tem hora que se espalha
num campo de flores.

Quando arco-íris abraça a floresta,
a vida fica mais colorida e rica.
E nasce fruta, gente, árvore,
orquídea, bromélia e curica.

PIONOPSITTA VULTURINA
Também conhecida como pirí-pirí, urubu-paraguá e periquito-d'anta, a
curica faz parte da família dos papagaios, periquitos e araras. São os Psitacídeos:
inteligentes, coloridos e com características próprias, como o bico em forma
de gancho. A curica-urubu é rara e muito bonita. Encontrada apenas na região
amazônica em pequenos bandos nas copas das florestas altas, alimenta-se
de sementes e frutas, e chega a medir até 22 cm de comprimento.

GATO-MARACAJÁ

Quando está com fome,
Gato-maracajá imita passarinho:
Pi... pi... pi...

Ou, então, imita macaquinho:
Qui... qui... qui...

E a refeição aparece
Logo ali!

Mas, gato-maracajá,
Quando quer carinho,
Faz miau... miau... miau...
Igual a qualquer gatinho.

LEOPARDUS WIEDII
O gato-maracajá tem uma habilidade incrível:
ele imita o som de suas presas.
A imitação é tão perfeita que atrai saguis, alguns
pássaros e até pequenos roedores ao alcance de
suas garras longas e afiadas. É um pequeno gato
selvagem com cerca de 50 cm de altura e 4 kg
de peso. Possui hábitos noturnos, sabe saltar muito
bem e se locomover com agilidade pelas árvores. Foi
muito caçado e vendido como animal de estimação.

SAPO-PONTA-DE-FLECHA

Parece saído de uma tela
direto para a floresta.

Obra-prima abstrata
feita, quem sabe,
por Paul Klee,
Pollock ou Mabe.

A autoria, porém,
é da natureza.

E seu poder pleno
de transformar beleza
em veneno.

RANITOMEYA AMAZONICA

Sapo-ponta-de-flecha, denominação popular atribuída
a sapos coloridos e venenosos, é uma referência a um
costume de indígenas, que utilizavam o veneno desses
anfíbios em dardos e flechas. O *Ranitomeya amazonica*
é um exemplo dessa espécie no Brasil. Possui de 16 a 19 cm
de comprimento, habita florestas úmidas e costuma usar
bromélias para reprodução. O veneno e as cores exuberantes
são instrumentos de defesa contra predadores.

PACARANA

Na toca da pacarana
teve um bailão!
A paca dançou,
a cutia dançou,
a capivara, não.

Na toca da pacarana
teve arroz com feijão!
A cutia comeu,
a capivara comeu,
a paca, não.

Na toca da pacarana
teve discussão!
A paca resmungou,
a capivara resmungou,
a cutia, não.

Quando acabou a agitação,
a paca foi,
a capivara foi,
a cutia foi.

A pacarana, não.

DINOMYS BRANICKII

A pacarana é um dos maiores roedores do mundo: pode chegar a 79 cm de comprimento e pesar até 15 kg. Ela faz parte do grupo das pacas, cutias, capivaras, preás e porquinhos-da-índia. Prefere viver em tocas ao longo das margens dos rios. Gosta de comer folhas, caules, frutos, brotos e cascas de árvores. Vive em grupos, tem hábitos noturnos e é muito dócil.

ZOGUE-ZOGUE-RABO-DE-FOGO

Zogue-zogue
faz zigue-zague!

Pula de galho
em galho.
Zás-trás!

Zogue-zogue
é um azougue!

Como será
sua voz?
Do que mais
é capaz?

Na mata,
zogue-zogue é feliz.
No zoo,
nem pensar,
nem talvez!

CALLICEBUS MILTONI
Primata do sul do Amazonas, recebeu o nome
de zogue-zogue-rabo-de-fogo por ter a cauda
em tons bem avermelhados. É um animal pequeno,
com cerca de 30 cm, vive nas árvores, tem hábitos
diurnos e se alimenta principalmente de frutos.
Foi avistado pela primeira vez em 2011, em uma
área de desmatamento e avanço da agropecuária,
na região dos rios Roosevelt e Aripuanã.

PIRARUCU

No raso dos rios e lagos,
mora um rei.

Coberto por um manto
de escamas.
Soberbo, submerso,
vermelho como chamas.

Um rei que respira,
enquanto dança o minueto
na mira de uma lança.

Rei amuleto,
rei pré-histórico,
místico, alegórico.

Ei, Amazônia,
salve seu rei!

ARAPAIMA GIGAS

O pirarucu é o maior peixe de escamas de água doce do Brasil e um dos maiores do mundo. Habita as águas rasas da Bacia Amazônica. Pode atingir 3 m de comprimento e pesar entre 90 e 180 kg. Alimenta-se de quase tudo, desde peixes e camarões até cobras, tartarugas, anfíbios e caranguejos. Como precisa subir frequentemente à superfície para respirar, torna-se alvo fácil dos pescadores.

RAPAZINHO-DE-COLAR

Na floresta, não existe
arara de tiara.

Nem onça
que usa aliança.

Nem caranguejeira
que usa, em cada perna,
uma pulseira.

Mas, entre as árvores,
vive um charmoso passarinho,
que adora se enfeitar:
o rapazinho-de-colar!

BUCCO CAPENSIS
Esse lindo passarinho é encontrado
no Amazonas, Maranhão e em países
do norte da América do Sul, como Peru
e Equador. É pequeno, chegando a até
19 cm, e pesa entre 46 e 62 g. Alimenta-
-se de insetos e pequenos vertebrados
(sapos, lagartos e cobras). Possui um
duplo colar nas cores preta e branca
contornando o pescoço.

MATAMATÁ

Matamatá faz tudo
lentamente.
Debaixo d'água,
é rastejante.

O pescoço comprido
lembra uma serpente.
Caça de boca aberta,
meio deselegante.

Talvez não seja esperto
nem valente.
Não é jeitoso, bonito
ou fulgurante.

Matamatá é diferente.
Por isso mesmo, fascinante.

CHELUS FIMBRIATA

O matamatá é uma espécie de cágado, da família dos quelônios, que habita pequenos e médios cursos de água doce. Possui a cabeça triangular e bem achatada, uma carapaça escura (marrom ou preta), que pode medir até 40 cm de comprimento, e um longo pescoço, que usa com habilidade para caçar pequenos peixes. Como não consegue mastigar direito, por causa da anatomia de sua boca, engole os peixinhos inteiros! É uma criatura bizarra e muito interessante.

JUPARÁ

Preste atenção,
para não fazer
confusão.

Palito é palito,
taco é taco.
Forte é forte,
fraco é fraco.

Camisa é camisa,
casaco é casaco.
Nariz é nariz,
sovaco é sovaco.

Jupará é jupará,
macaco é macaco!

POTOS FLAVUS
O jupará tem algumas semelhanças com os macacos.
Vive nas árvores e possui uma cauda comprida, que
ajuda na locomoção pelos galhos. Em algumas áreas
da Bacia Amazônica, chega a ser conhecido como
macaco-da-meia-noite ou macaco-da-noite. Tem hábitos
noturnos, alimenta-se de frutas, insetos, pequenos
vertebrados, mel, ovos, folhas e flores. É um mamífero
que pertence à família do quati, guaxinim e mão-pelada.

OUTROS BICHOS DA AMAZÔNIA

ARUANÃ
SCLEROPAGES FORMOSUS

PORAQUÊ
ELECTROPHORUS ELECTRICUS

PIRAÍBA
BRACHYPLATHYSTOMA FILAMENTOSUM

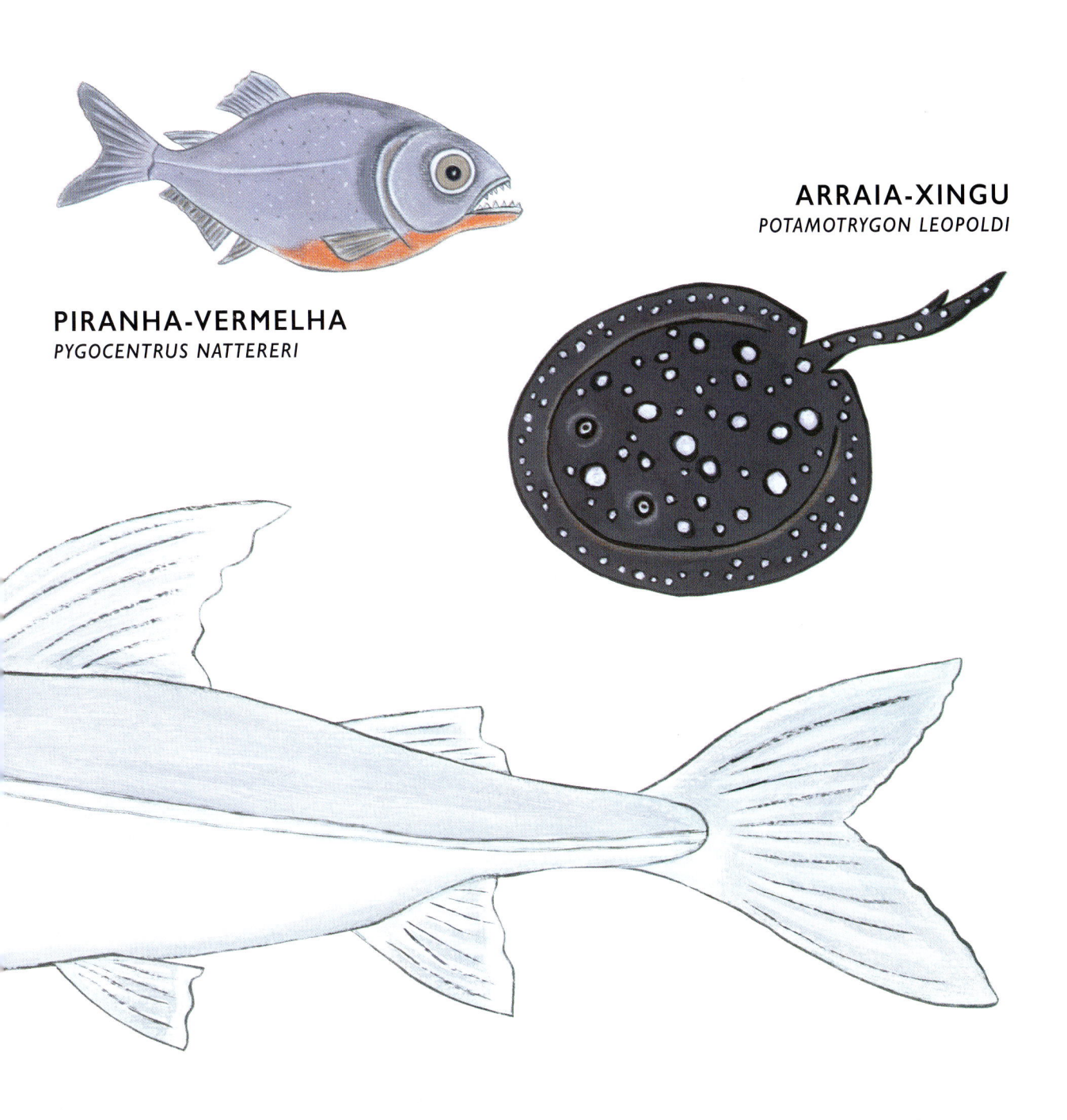

PIRANHA-VERMELHA
PYGOCENTRUS NATTERERI

ARRAIA-XINGU
POTAMOTRYGON LEOPOLDI

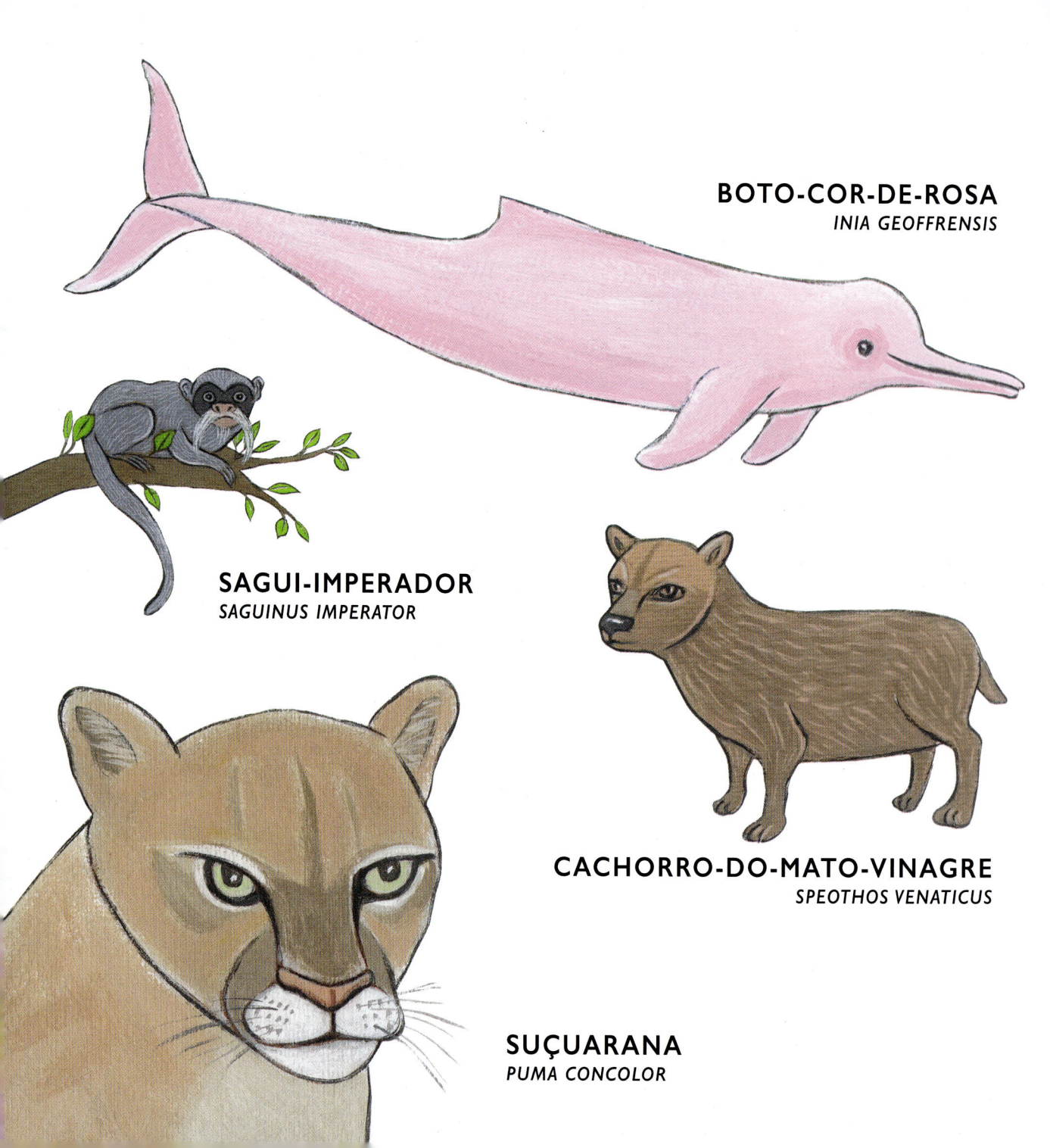

BOTO-COR-DE-ROSA
INIA GEOFFRENSIS

SAGUI-IMPERADOR
SAGUINUS IMPERATOR

CACHORRO-DO-MATO-VINAGRE
SPEOTHOS VENATICUS

SUÇUARANA
PUMA CONCOLOR

UACARI
CACAJAO CALVUS

TAMANDUÁ-MIRIM
TAMANDUA TETRADACTYLA

PEIXE-BOI-DA-AMAZÔNIA
TRICHECHUS INUNGUIS

QUATIPURU
SCIURUS SPADICEUS

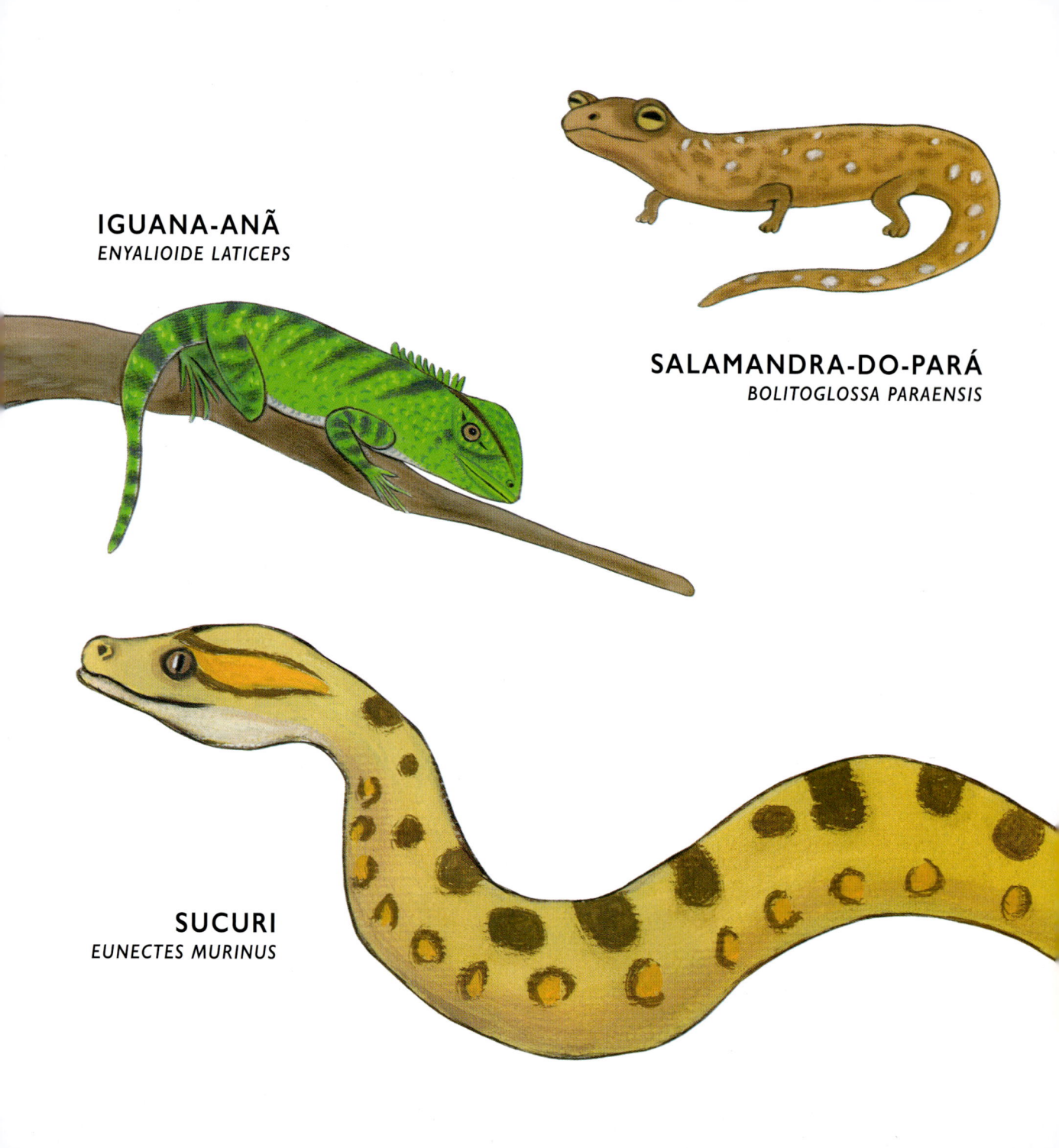

IGUANA-ANÃ
ENYALIOIDE LATICEPS

SALAMANDRA-DO-PARÁ
BOLITOGLOSSA PARAENSIS

SUCURI
EUNECTES MURINUS

PERERECA-ONÇA
SCINAX ONCA

SAPO-UNTANHA
CERATOPHRYS CORNUTA

T-TITÃ
TITANUS GIGANTEUS

BORBOLETA-AZUL
MORPHO MENELAUS

MARIPOSA-IMPERADOR
THYSANIA AGRIPPINA

ZEBRINHA
TIGRIDIA ACESTA

TUCANDEIRA
PARAPONERA CLAVATA

BESOURO-HÉRCULES
DYNASTES HERCULES

TOPETINHO-VERDE
LOPHORNIS CHALYBEUS

PAPAGAIO-DIADEMA
AMAZONA AUTUMNALIS

CHINCOÃ-DE-BICO-VERMELHO
PIAYA MELANOGASTER

MÃE-DE-TAOCA-CABEÇUDA
RHEGMATORHINA MELANOSTICTA

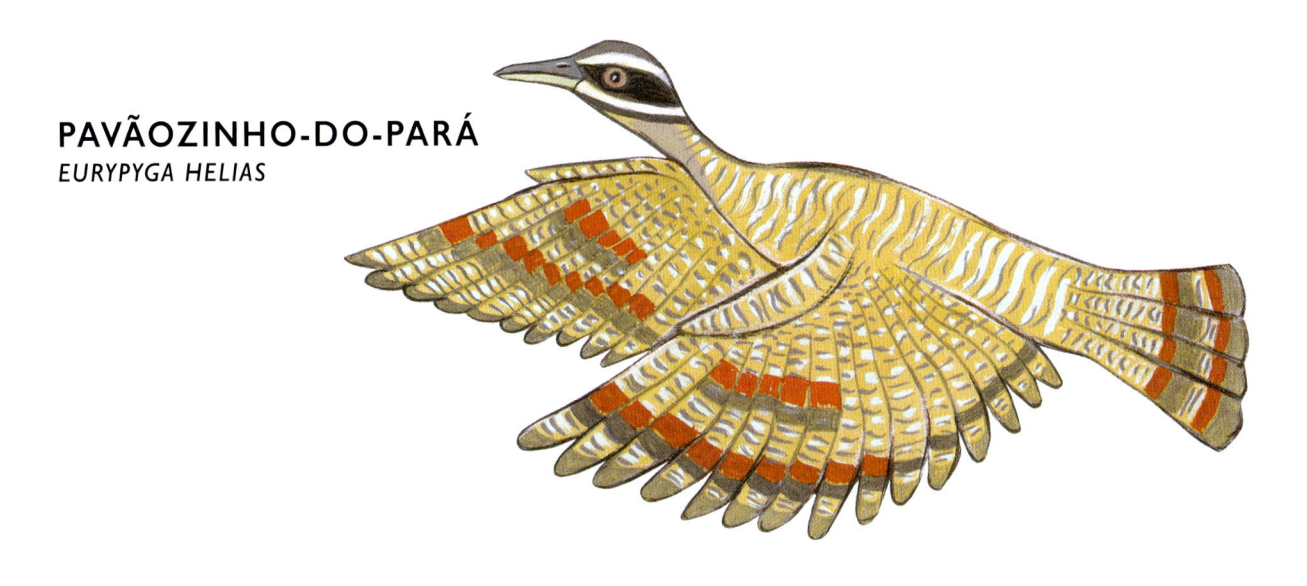

PAVÃOZINHO-DO-PARÁ
EURYPYGA HELIAS

CORUJA-DE-CRISTA
LOPHOSTRIX CRISTATA

CABEÇA-DE-OURO
CERATOPIPRA ERYTHROCEPHALA

MACACO-DA-NOITE
AOTUS INFULATUS

ONDE ENCONTRAR OS BRASILEIRINHOS

PARQUES NACIONAIS NA AMAZÔNIA
Parque Nacional Serra do Divisor (Acre)
Parque Nacional do Cabo Orange (Amapá)
Parque Nacional das Montanhas do Tumucumaque (Amapá e Pará)
Parque Nacional da Amazônia (Amazonas e Pará)
Parque Nacional do Pico da Neblina (Amazonas)
Parque Nacional de Anavilhanas (Amazonas)
Parque Nacional da Serra do Pardo (Pará)
Parque Nacional da Serra da Cutia (Rondônia)
Parque Nacional de Pacaás Novos (Rondônia)
Parque Nacional do Monte Roraima (Roraima)
Parque Nacional do Jaú (Amazonas)
Parque Nacional da Serra da Mocidade (Roraima)
Parque Nacional de Viruá (Roraima)

ORGANIZAÇÕES
GREENPEACE BRASIL — www.greenpeace.org/brasil
INSTITUTO CHICO MENDES PARA A CONSERVAÇÃO DA BIODIVERSIDADE — www.icmbio.gov.br
INSTITUTO ONÇA-PINTADA — www.jaguar.org.br
INSTITUTO PRÓ-CARNÍVOROS — www.procarnivoros.org.br
INSTITUTO SOCIOAMBIENTAL — www.socioambiental.org
IPÊ INSTITUTO DE PESQUISAS ECOLÓGICAS — www.ipe.org.br
REDE NACIONAL PRÓ-UNIDADES DE CONSERVAÇÃO — redeprouc.org.br
SAVE BRASIL — www.savebrasil.org.br
SOS FAUNA — www.sosfauna.org.br
WWF BRASIL — www.wwf.org.br

Sites acessados em outubro/2024.

SOBRE OS AUTORES

Grande parte da obra de Lalau e Laurabeatriz é dedicada à fauna, à flora e ao meio ambiente. Uma das principais características da dupla é tratar com leveza, arte e informação assuntos graves como tráfico de animais silvestres, desmatamento, poluição e outras ações predatórias do ser humano na natureza.

Lalau é paulista e poeta. Laurabeatriz é carioca e artista plástica. Juntos, desde 1994, já publicaram mais de cinquenta títulos para crianças.

FSC
www.fsc.org
MISTO
Papel | Apoiando
o manejo florestal
responsável
FSC® C105484

A marca FSC® é a garantia de que a madeira utilizada na fabricação do papel deste livro provém de florestas que foram gerenciadas de maneira ambientalmente correta, socialmente justa e economicamente viável, além de outras fontes de origem controlada.

Esta obra foi composta em Sanchez e impressa pela Gráfica Bartira em ofsete sobre papel Couché Design Gloss da Suzano S.A. para a Editora Schwarcz em dezembro de 2024